La hora del abejorro

ÁNGELA SEGOVIA

La hora del abejorro

Ediciones La uÑa RoTa
Colección Libros Inútiles

La hora del abejorro

Primera edición: abril de 2024

© 2024, Ángela Segovia

Copyright del grabado de la cubierta realizado para esta edición:
© Laura Ríos Villar, 2024.

Diseño de cubierta y maquetación: Arcadio Mardomingo

© 2024, de la presente edición en castellano para todo el mundo:
Ediciones La uÑa RoTa, S. L.
Apartado de correos 380
40080 Segovia

Correo electrónico: ediciones@larota.es
www.larota.es

ISBN: 978-84-18782-48-0
Depósito legal: SG 48-2024
IBIC: DCF

Impresión: Estilo Estugraf
Printed in Spain – Impreso en España

Este libro se terminó de escribir en la Residencia Literaria Finestres.
Gracias a Nicolás, Ari, Pablo, Mari, Gabriel y Pol.

FSC
www.fsc.org
MIXTO
Papel procedente de
fuentes responsables
FSC® C107210

Para mi hijo.

<()>

LO CONTRARIO DE CAZAR NO ES SER CAZADO

PERO LA ABEJA ERA YO

QUEDÓ LA MIEL

Los chopos están completamente lisos

El barrendero, sin duda, tiene mucho trabajo

Anudados a la pared de esta terrace hay unos platos

Rebotan los pájaros gordos sobre su blanca lápida delgada

Ah el aire lleno de agua por

Donde pasábamos y las algas de la noche que ayer

Nos asustaron

Por parecer cautivas

Nuestros dedos les digo

Les digo

Ya nadie nos los quita

Y no se caeirán mañana

Por fin me habéis encontrado
Aunque no me perseguíais
Ni yo a vosotros
Ora estoy muy ocupada con
Estos axulejos
Los Barros
Quemados
Y desnuda en la terrace
Acerrada
Ah! Me dolió la mano ayer
Cuando fui aguijonada
Algunos días
Me siento feliz
Habéis venido a buscarme
Ora mi brazo relumbra
Y como juré a mis dedos
Se pusieron rojos en
Las puntas
No se caeieron

Todo es bello todo es hermoso
Todo es cierto porque soy feliz
Veo arbustos de plástico
No me incomodan
Ciertos perros pasan alrededor
No me incomodan
Mis huestes gimen para llamar a las hojas
Se deslizan como fantasmas
Son tan pequeños
Que me confundiría
Las luces tiemblan
Cuando no sea feliz
Ya estaré muerta
Pero ahora
Descienden las telas doradas
Para mí

Arriba en el amarillo
Las moscas gigantes son duras
La piedra, sin embargo, es blanda
Un escudo henchido con pájaros
De sus pequeñas lenguas
Gotean negro
Sobre vuestros rizos
Bajo sus sombras
Respiro
Por detrás iremos
A buscar el agua bruna
De nuestra jornada
Risa y gritos bellos
Interrumpidos
Uh

Dejo crecer todo mi pelo
Y crece en la invisibilidad
Haciendo
Como un murmullo
Debe ser eso
Lo que aprieta el silencio
Las moscas no me molestan
Ellas hacen lo mismo

A la hora del abejorro
La casa está en silencio
Y nosotros muy quietos
Ellos se asoman a las ventanas
Lo mismo cada día
Muy bruscamente
Lo rompen
Se me mezclan con los sueños
Me cubro la cabeza con las sábanas
Debido al miedo
Me repito lo que he visto
Para que no se me olvide
Una casa hecha de telaraña
Mi pecho goteando leche
Las ventanas que acercaban
Artificial
El paisaje
Que me olvidé de vestirme
Y por eso tuve frío
Mientras
Ellos se asoman a la ventana
Y me miran muy bruscamente
Me quedo callada bajo las sábanas
Pensando y esperando a que termine
La hora del abejorro

Me preparo muy despacio
Para deshacerme de todo
Tiro de hilos y saco
Hace falta espacio
Mi corte me ha dejado seca
Y somos muchos aquí
Mientras algo rojo bruto grueso como un cuarto te engo
Qué despacio me preparo
Y en silencio
Para no asustaros
Si cuando vos venís
Es como zuecos cohorte
Caballería o ríos
Sin piedad ninguna
No podré estar lista a tiempo
Y pasaréis de largo
Los platos los he colgado
Por si de un lametón
Dejáis manchado el borde
De vuestra frambuesa ardiente

No sé quiénes sois
A qué habéis venido
Pasáis muy alto
Junto a mi cabeza
No sois personas ni Vidas
No sois Vidas
Las Vidas ya no importan
Nunca han importado tanto
Un hueso ha sido doblado
Por su posición en el cuerpo
Por la garganta baja el hueso
Ahó ahó
También ha bajado un puño
El puño doblega al hueso
El hueso atesora al puño
Ahó
Se han detenido
No hay nada que hacer
Cerraré fuerte la boca
Romperémoslo
Todo
Nos iremos
Y la luz se pondrá rosa
Como ayer
En los bancales de arena
De nuestra casa

Flor de rosa terracota
Difuminada con anillos
Se abre
A la venida del sol
Quién sabe si pequeñas figuras o puntos
Personitas
Y torres o desierto
Cada mañana a lo primero
De mis ojos llegan y se ponen
Como tela que adquieren de pobreza
Y yo no quiero más
Que empujarla fuerte
Por el tronco de mis ojos
Sentarme con el polvo
Y nuestros dedos
Haciendo terciopelo
De rosa terracot
En la terrace
Y por fin
Dejar de ser mía

No sé quién eres
Ni quiénes sois
Mejor
Diminuta pequeñez que me sigue
Dice seis palabras
O seis
Árbol
Agua
Uva
Amén
Rojo roja
Peis
Me las ha regalado
Sin condición

mis amantes del pasado<>salen atados a hilos
los hilos me ciñen el cuerpo<>cada hilo es un amante
me saco todos los hilos<>los amantes van al suelo
mis amantes del pasado<>están ahora a mis pies
los quiero pisar<>los toco
diminutos perros rojos<>se me suben por los dedos
bramantes hechos de dientes
me abrazan para afogarme
me odian<>quieren quedarse
feridas que me engalanan<>de rojo rosa y rosado
^
^
^

Los párpados rosas
La nariz rosa
La mejilla rosa
Todo lo hemos tenido rosa
El dedo roso de señalar el fuego
Luego
El paño
Y el manto rosa rosa
De apagar el fuego
Muy dolorida la tela
La tela
No la queríamos
La queríamos
No nos la podíamos quitar
Se nos habría herido el pecho
Y el pecho
Debía quedarse
Blanco

En mi vestido de noche
Vi flotar a uno de ellos
Estaba muy peinado
Con su ropaje de espina
Ah, le vi una rosa blanda
Saliéndole de la cara
Me eché a temblar y supe
Que me había reconocido
En la calle oí los gritos
Del mundo que se inflamaba
Poco después hablé
¿Así que tú *erís mi hijo?*
Me miró con sólo un ojo
Y se dobló por el medio
Y el vestido le cubrió
Y mis recuerdos caeieron
Vibrando y resbalando
Hasta fundirse en el suelo

Habíamos salido con las banderolas
Todos chillamos
Las banderolas se descomponían
Hermosamente fuu
Colores
Chillábamos
Trote
Bastones
Los pájaros nos obedecen
El agua repta
Nos siguen las nubes
El cielo se contrae
Los huesos se contraen carne adentro
Nos levantan en altura
Y luego
Nos caemos
Y en el suelo
Escamoteamos
De barro las manos dulces lloramos
Por fin
Es mejor
Así

Me levanto contigo
Como las hierbas nos erguimos
Tras el vapor   ié
Sale una bocanada oscura
He olvidado
las palabras para Echarla
Por las ventanas nos están diciendo
Mensajes contradictorios
Tú prefieres los malos
Al final de la escalera
Has visto una manzana
Brillando sobre el plato
La has mordido luego
Y me lo cuentas
No te das cuenta ié
Te dije que no
Subieras

Por las noches meto la mano
Dentro de tu pantalón
Y mis huestes hacen coz
Al interior de mi cuerpo
Se ve que es lo mismo
O algo muy similar
No sé cómo
Se confunden
Hasta que siento un vacío
Sobre el duro silencio
Sopla un silbido
Debo ser yo o ellos
Haciendo ese ruido asfixiante
Abro la ventana y el viento
Hace entrar aquellas voces
Queremos que vengas aquí
En la arizónica
Me han dicho las voces
Pero yo no quiero ir
A ningún sitio
Nunca

Por la noche hay unas venas azul

Que pasan

Hinchadas por la noche

Por los caminos que se adentran en las pistas

Vamos silenciosos

Donde hombres quebrados solos

Nos preceden

A mi espalda sonreís

Si me venzo un poco a un lado

Girando la cabeza

Una ramita hacéis crujir

La aplastáis con vuestras manos

Con las uñas la vencéis

Esta es nuestra comida

Habéis dicho

De la savia

Que caía

Me la ofrecéis con los dedos

De vuestros dedos

La bebo

Por las noches sus brazos asomaban

De la viscosa pesadilla

Para perseguirme

Tenía miedo

Dormida

Ellos me frochaban el pecho

Como un amante sucio

En la vida desordenada de mi mente

La electricidad verde gritaba

Me gritaba para que fuera a verla

Y el barro llegaba en vaharadas

Nunca dejaba de abrazarlos

Como si fuera un amante

Que odia estar enamorado

Mientras ama

Al final
Caeieron
Una hoja
Ha sonado
Como si el aire
Tiene esquinas
Una hoja blanca
Blancuzca

Estamos en excepción
Por la rendija veo las hojas
Una cinta azul
Por la rendija nos mira
Aora
Hemos sido tocados
Gracias a ello dormimos
Con deseos de despertar
Por el pequeño minuto
La alegría se despedaza
A nuestro lado
Hemos sido tocados
Por la cinta azul del cielo
Se nos ha mirado extraño

llevo la nuca encendida<>aé
aé<>mi nuca quiere irse al cielo
pero no vas a marcharte<>aé
la empujo<>la hundo en el suelo
eres tú<>hermosa doblada
eres tú la dolorida
espera por dios<>la piso
ahora el suelo ha prendido
todo en nosotros lo ha
todavía nos encierran
para alumbrar nuestra carne
flor de canicas
brillantes
perlándonos se deslizan
hasta tombar
y marcharse

Ese hombre recto
Porta un puño negro
Mientras el suelo de mármol
Porta pájaros tallados
Vos creéis que
El mármol
Es agua
El mármol
Entonces
Es agua
Pero en esa agua
No hay peces
Sino pájaros
Tallados
El hombre torcido nos siguió
Para devolvernos
Una pluma
Que vuestra cabeza
Había perdido
Cantó la corte
Al interior
De la pared amarilla
Los ángeles
Debían haber cantado
En silencio
Cantaron

Aquí estoy en una montaña
Secciones blancas y secciones negras
Secciones cerúleas
Como una monja
¿Las montañas también sufren en su interior?
Son demasiado pequeñas para eso
Grita el viento
Pero tapada en la niebla
Yo no le veo sus pies
O algo humoroso le sale
Ya no sé qué más hacer
Pienso
Ninguna voz me viene a los oídos
Y mi hueso está callado
Al fin, pienso
Y sigo mirando las secciones

Aunque dé tumbos por los ramilletes aplastados

Voy a saber mover este dedo

Y este otro para ti

Todavía más deberías agradecer

A los ramilletes tumbados en la hierba

Que no desaparezcan

Mientras las ramas de los tilos se amontonan

Sobre mí

Un sitio lleno de enfermos
Es como un paraíso
Amo a los enfermos
Los amo
Por eso te amo a ti
Que por la noche
Aspiras un silbido
Asfixiante
Abro la ventana para ver si viene de allí
Pero tomas mi mano la aprietas
Como si fueran hojas sonara
Si no fuera porque no suena nada
O bien sólo las moscas
No, no, me pides
Te amo porque eres enfermo
Y te arrastras
Yo también lo soy
Nos lo prometemos
Para siempre
Ya no me despido nunca
Bienvenido
Seáis

Una pista transparente para quedarnos
Yéndonos
Eso he pedido Ahora lo
Lamento
Me abofetean y me Echan
Para que aprenda
Llego al dormitorio contigo y
Tú me entiendes
Metes tu mano en mi pantalón
No te ríes
Bajas la mano
Más
Hay una serie de sonidos
Dices
Que denotan lo que querría decirte
Si pudiera
Caminamos luego descalzos
Caminamos por el piso rojo
Han vaciado, digo
Han vaciado
Nos hacen cosquillas en los ángulos
Hay una hoja que cae
Suena como si el aire
Tiene esquinas
¿Te refieres a eso?, susurro
Pero tú ya no estás aquí
Te has ido con la hoja
A lo invisible
Lo tomo por un sí

En la esquina de mi cuarto
Habían iluminado una araña
No quise hablarle
Me fui
Al rato volví y seguía iluminada
Tenía que decirle algo
Nos quedamos durante un rato
Esperando
Hasta que también yo
Fui iluminada
Pero todavía
No se me ocurrió qué decirle
Mi boca estaba parada
Pensaba en la montaña al fondo
Detrás de los eucaliptos
Al final no dije nada
Por tanto
Seguirá aquí
Mañana

Ahora
Siento un calor agobiante
Bajo el abrigo sucio
Con un bote de azúcar
Me han pinchado
Y todo se empequeñece
Hacia la realidad
Es allí donde siento
Odio
¡Mejor
Me cortaré los dedos
Y se caerán mañana
Y para siempre
Contra Vos
Serán
Podridos!

Luego se han metido por
Una puerta gris
Blandos
Como manos
Bienvenidos
Os odio

hoy hizo sol<>se nos permitió pasear

vimos unas rocas<>específicamente cuatro

dos eran grandes y rectas<>otra pequeña y redonda

del fondo del paseo<>nos llegaron unas voces

pensamos que era tarde<>pero sólo era un viandante

estaba tras la verja<>y nos miró con maldad

no se nos permitió adyacer

nos quedamos apartados

tampoco debemos mirar

pero un azul se vislumbra

y aquellos pies machacados

después de mucho rato<>me plegué a tocar la ortiga

y entonces mejoró todo<>no sé si tú lo supieras

Yo soy un insecto pequeño
Ni siquiera hago ruido
Tu ser me queda grande
El mío me aplasta
Soy demasiado pequeño
Para mi conciencia
También para la preocupación
Cuando todo se calla
Para mí
Veo el color verde tilo
Grandes placas en el techo
Y el color me lleva
Por su continuidad
Hacia los bordes negros requemados
Donde desapareceré del todo
No sufras
A ti te pasará lo mismo
Cuando te vuelvas
Pequeño

Yo: Acuérdate

Cuando éramos niños en este paseo

Tú: Nunca antes estuve aquí

Yo: El humo nos trepaba por las piernas

Y empezó a llover

Nos reímos

Bastante

Y entre las hojas de

Eucalipto

O fantasmas

Y contra sus pieles que se abrían

Vimos una araña iluminada

Dijiste que dijera algo

Pero

Ella

Se me adelantó

El alero de una flor
Grueso blanco
Como una piedra
El alero de un cuervo
Negro como una piedra
Aora el de una gaviota
Raudo blanco Agudo
Como una espina
El alero de una ruina
Como una espina que
Cae por mi sangre
Bailando
Pero tú no la ves

De la boca del insecto

Rueda agua ronda

Pero vos

No la veis

¿Veis el agua estanca

Como mi amor

Stanco?

Sí

Metéis la mano

Ichi Ichi

Como un narcís

La mano se difumina

Brilla la mano

Soplamos

Ah, un arcoíris

El alero del cielo

También tu hueso voló como un palo

Y te fuiste

No creías mis palabras

Ahora vienes conmigo

Y me tomas la mano

A mí no me preguntas

Porque sabes que no responderé

Sin embargo

Ya te lo he dicho

No son soldados

Sino dulces

Y hacen su trabajo

Estaban y se fueron

Con pequeños hormigueos

Tú debes acostumbrarte

A vivir desprotegido

Si no

Volará también el resto

Y como una tela

Acabaremos

En el suelo

Me pediste una cerilla
Para ponerla en tu hueco
Querías probar
Dijiste
Porque donde hubo materia
No debe haber un vacío, dijiste
Porque donde la materia calló
El vacío molesta y grita
Podríamos haber pasado noches
Debatiendo este punto
Habría sido hermoso
Habría tendido la alfombra
Bajo las luces del árbol
Afuera el suelo enrojeciendo
Carnecido
Sin nosotros
Pero tú
No pudiste aguantar
Me robaste la cerilla
¿Qué haremos pues
Cuando prenda?

Nos hablan en la pared amarilla
Oímos conversaciones
No son para nosotros
Claramente nos
Molestan
Se nos acelera la boca
Luego se callan
Y siento
El cabalgar de
Unos cascos
Que vienen entre la niebla
Entre la niebla de sonidos
Radiofónicos
Los oigo perfectamente
Eres tú, te digo
Me han puesto en una camilla
En los pasillos gritan
La camilla se mueve
La mujer dice
¿Oyes algo?
Creo que ha empezado a llover
O están arrastrando muebles
No debo decirle
Que eres el caballo
Que viene
O todo se desparramará
Hacia el suelo
Como un líquido cualquiera
Y cuando se seque
También nosotros
Nos habremos ido al ruido

me fue ofrecida una cama<>era una
cama blanca<>pensé que siempre la tendría
me fue ofrecida de niña<>pensé
que siempre la tendría<>luego me fue arrebatada
estaba partida en el suelo<>durante muy largo tiempo
<>estaba partida en el suelo<>y yo
yo no tenía de nada
el cielo negro arriba<>era macizo y hermoso
abajo las baldosas frías
disfruta<>parece que dicen
pero los trozos<>se ahogan<>yo no quiero disfrutar
otra cama<>no me ofrecen<>ya no me la ofrecen nunca
qué<>te has creído<>me dicen
así pasa largo tiempo<>todos los días la pido
un día no me importó
me ofrecieron una sábana<>era de color azul
me ofrecieron una sábana
yo no la tomo<>no es mía
ahora está puesta en el aire
si me sujeto
me tira

En la balconada
Harapienta
Es decir arrojada al borde
Me venzo refrescos negros
Para morirme
Se acabaron las tonterías   pienso
Me ciño el bañador
Con la cuerda del cuello
Los nervios flotan por detrás
Como volantines
Yo soy de dios sometida
Todo lo que no he respirado
Es mi cuerda contigo
Mi horse me subyuga
Subida en él
Blanco robe en mí
Cortada
Me pongo a bailar contigo
Tú también eres de dios
Dios nos somete en el suelo
Qué feliz soy

Es necesario que sepas
Que mientras la noche nos abrocha
Blanca
Con aureola
Esa cosa pequeña
Se relame
Las lágrimas
Contra la esquina
Pero
Será consolado
Y para todos nosotros
Lo será

,

Y mañana vestiremos
De azul con lunares
Para siempre

,

Extraño el modo
En qué convivirá
La tela
Con el polvo

El día pasó por un hueco muy estrecho
Iba arrastrándome
Con el tronco apretado
Por paredes
Al cabo
Aquello se movía poniendo duras
Ciertas partes de mi tripa
Al cabo
Las paredes me apretaron más
Y hasta me olvidé
Al cabo me quedé dormida
Sudaba
Hacía mucho calor
Te posaste
bajo mi ojo
No me picaste
Pero mi ojo se encendió
Ahora
Retiro porciones cárnicas de
Pared
Con mi ojo encendido
Ahora veo un sol
A lo lejos
Ya estoy harta de ser una mujer
Y también de este trabajo
Una vez
No tuve nada
Y sobreviví
Me dejaré
Al abandono

Y después
Cuando me muera
Las paredes se abrirán
Llenas de aire
Y no hará falta un sol
ni un ojo
ni este dedo

Al principio estuve atrapada
Me había hecho muy tiesa
Iba enjaezada de monedas
Al final un día zafé
Volaron todos
Los que de mí dependían
Su respiración de nebulosas
Se arracimaron contra mí
Nadie va a hablar de esto en ninguna parte
En planetas
Así que lo haré yo
Nos tuve que rapar los pelos
Para que no nos encontraran
Tiré atrás la comida
Y nos fuimos cantando
Por la cinta rosa del suelo
Como asesinos
Cantando

No obstante
De todos modos
No os preocupéis
Porque os enseñaré seis trucos
O seis
Os daré la mano
Muchas veces Lloraré para vos
Reiré
También por vosotros y contra
Muchas veces os arrullaré
Después lo haréis
Vosotros
Muy lejos de mí
Y será así por lo que llaman años
Aunque
La verdad
Pertenecemos a una hora
Solamente
A esta

Mi horse planea su corva blanca
Toda la noche mi horse me galopa
Mientras vamos por la cinta azul del cielo
Los arcos del demonio se nos abren
Amoratada la cara mis mejillas
Creemos en todo desde hace una eternidad
Cuando vi que me doblaban dije mejor me parto
Me parto ahora mismo
No me dobláis
Por la doblez entraban los gritos
Hurgaban mi corazón
Hurgaban contra un pájaro
Sus pelos blancos y verdes
Alimentados de gorrión

Robé una lata de judías
Robé una lata de chocolate
Una lata de habas negras
O de chocolate
Las hacía rodar
Contra las luces verdes de los abarrotes
Los perros de tres patas
Lánguidos hermosos febriles
Me atacaban mordiéndome
Las patas de mi horse
Vuestras alas nervadas
Y mis nervios caeieron
Y los hicimos rodar

Huestes de envoltorios de comida nos perseguían
Ábrase de colores y letras
Apretadas contra las corrientes
Pegajosas
De aire
Aire
Me acordaba de ellos
En mi mente
Los abrazaba tan fuerte
Que se doblaban de risa

Unos brazos salían de las pesadillas
Viscosos
Me querían abrazar
Y que me durmiera
Yo me solazaba en no dormir
Me decían piropos para dormirme
No soy linda grité
Sólo soy un zorro cualquiera
Me arrojo por la linde
Y chau
Sólo soy un asesino
Dictado por el
Barro

Me fui a rapar el pelo porque me picaban los pelos
Tenía bichos desde los veinte años
Sus bocas se abrían pidiendo pan
Se lo negué
Lo niego todo les dije
Menos a Dios
Y me hice calva
Y brillé

Voy a encontrarme contigo
No soy tu novia
Qué novia no desea nada
Más que ser
Eternamente allanada
Por ti
Voy a encontrarme contigo
No soy tu novia soy
Esclava tuya
Y señora
Ardo
En tus dominios
Me he convertido en ceniza
En las rendijas del suelo
Duramente
Me meto
Cuando un día llegue una novia
Una verdadera novia
Y yo me haya vuelto carbón
Ah, por mí se deslizará
Ah, su pie descalzo
Por mí se deslizará

Nahlat Tanaana pequeña apicula heridora
Por la mañana
Fui a agarrar mi mochila y me quemaste la mano
Ah Morí
Bellamente
Estoy soñando
Con tus brazos sobre mi cuello
Ratone de rizadas plumas
Me morí hasta vos

Y mi corazón retrocede a la amenaza
Como patas de araña
Pisoteada
Nunca mi pensamiento está claro
Y no has de preguntarme nada
Hasta que pierda del todo
Perder es lo que debes ganar, dice el niño
Por teléfono
¿Desde donde me llamas?, digo yo
No quieras saberlo, dice él
Y luego dice: Yo,
por ejemplo, ya he perdido definitivamente
¿Sabes qué significa?

A los lados de mi cráneo
Surgen pequeñas carreteras
Hileras de vías ferroviarias
Se deslizan por mis ojos
Sobre eso no sé nada, pienso
Ahora puedo ver el mar, digo al niño del teléfono
Hace mucho calor
Es tan impropio, susurro
Pero el calor es de todos
Porque salimos de allí, dice él
¿Eres mi hijo?, digo yo
Así es, dice él
Como los caballos se alejan en la dehesa
Boyal
Y blancos
dice él

De todas formas
Me cuesta mucho perder
Le digo cuando vuelve a llamar
Es como una bola de acero que cae
Sobre una duna
Pensarías que se va a hundir
Te lo imaginas así
Pero yo la veo todavía
Incólume
Como bloques abisales
Tiene algo azulado
Que me engaña el corazón
¿Dónde estás ahora?, le pregunto
Mientras se me subraya Ahora
Con un color rosado
Dice que está en un frankfurt
Que se ha comido una pizza
¿Por qué no has comido un frankfurt?, digo

Dice que precisamente
Que nunca se nos da
Lo que pensarías
Y cortinas
Acuosas doradas
Relumbran
Frente a mis ojos
Siento que caigo, digo
Es como que me caigo
Será el sueño, dice él por último
Será tu pequeño meando
En las vías ferroviarias
Su dulce miel espesa
No pienses nada más
Y cuelga
¿Eres tú mi pequeño?, digo yo
Gritando
Pero él ya no responde

<()>

LA ÚLTIMA HORA DE SOL

Cuando llega la tarde
Y resta una hora de sol
Y cuando llega esa hora de sol
Y cuando resta la sombra
Un muerto entra en la casa
O un muerto se abre
Como una judía madura
Sobre nuestros cráneos cubiertos
Y todavía luego o todavía antes
El muerto abre sus carnes
Sobre nuestras pestañas
Es la luz que entra lo que se desprende de ti
Pero yo no veo luz ni la vemos nosotros
Mi hijo ha llegado
Y duerme
Es sabio como una nuez cerrada
Sabio como una nuez abierta
Que deja caer su carne
Qué parecido eres a una mancha en la sombra
Qué parecido eres a despertar
Le digo
Él sonríe en silencio
Los huecos de la casa
Donde se almacena el viento
Se abren a bocajarro
Uno detrás de otro
Detrás de su boca muda
Qué belleza se desprende
Tal como tu carne de niño
Desprende ahora la luz
En esta hora que resta

Bajo el hermoso calor

Esté donde esté
El calor es hermoso
Y las noches se parecen
Me echo aceite en la mano
Mientras miro el calzón oscuro
Colgado de la ventana
El viento habla con los árboles
Y las sombras de las verjas se adelgazan
A veces una mano me toca por detrás
La espalda
Hasta el día siguiente no veré las flores azules
Aunque su calor permanezca aún
Como prensado en las sábanas
Si no vuelves zumbando
No tendré miedo
Pero tampoco alegría
¿Qué tendré entonces?
Me desnudaré lentamente
Y me entregaré
Al cielo que cae como baldosas
No es algo ignoto
Pienso mientras veo el aleteo de un murciélago
Sobresalir del marco de la ventana
O meterse entre la tela del
Calzón
Mi cabeza hace lo propio pero en la dirección contraria
Es decir, se levanta,
Como un chicle caliente que se lleva la suela del zapato

Es difícil saber
Dónde está la morada
Mis vestidos de noche
Se habrán dormido en el suelo
Y mi cuerpo flotará como un fantasma
No puedo negar el miedo
Pero soy
Tuya
Eso basta

Definitivamente es hermoso el calor
Hacia los huecos de mi cuerpo ascienden pequeños
Buches de agua
Muy pequeños
Morados
Y al despertar te los bebes
O tal vez los dejaste tú
Con tu boca
Diminuta
Por ejemplo en el esternón hundido
O en los valles de la cadera
Cuando el sol ha soltado todos sus perros
Y blandas cajetadas de carne
Caen o se desencadenan hacia nosotros
Sacamos la cara entre las telas de flor malvas
Y abrimos bien los ojos
Y algo sucede mágico
O bien

Nos desmayamos

<•>

Bajo el hermoso calor
Ocupas todo el espacio de la cama
Las sábanas cubiertas de óleo crujen bajo nosotros
Nos hemos vuelto lentos
Todos
Nos hemos vuelto lentos y ya no sabemos
Si suben las telas
O permanecen
Mis ojos se han pulido
Las flores azules se esconden
Naturalmente
Bajo el hermoso calor el cielo blanco descarga sus moradas
Me aplastará
Estoy agradecida
Sólo quiero su violencia

<•>

El calor es hermoso
Es definitivamente hermoso el calor
En los huecos de mi cuerpo se enrolla y arde
Desciende de los techos en la forma de una Carne
Nos apaga las puntas de los dedos
Lloras por las esquinas
Volando
Ayer lloraste allí, debajo del vector pegoteado

Esta casa es como un viejo barco
Un día se cayeron pequeños confalones morados muy pequeños
Y suena así así, remecida
Te pido que tengas mucho cuidado
Por el alero
Te has ido silbando
Y como siempre estoy sola
Sin haberlo querido
Y cuando lo quise
Jamás

<•>

Esta camiseta
Me recuerda a otra camiseta
Bajo la que fui feliz una vez
En ella protegí un huevo
Una cosa enorme
Era blanco y se movía
Me confundía
Su sola presencia me volvía
Creo que idiota
Quizás nunca fui tan bella
Como cuando pensaba que se iba a romper
Ese huevo
Me hacía sentir que el mundo
Era un mar y yo una barca
Es decir, me mareaba
Constantemente
Aquello me parecía importante

Hasta que un día el huevo
Se ablandó y resbaló por mis dedos
Mis manos olían a flores
Un tipo azul, de flores
Me tumbé en la cama y me recorrí con las manos
Sentía el peligro crecer y que yo lo albergaba
Por tanto tenía poder
Después todo se esfumó
Sobre mi cabeza
Glisaron las flores azules
Del calor
No me dejaron nada
Salvo una sensación
¿Es esto ser mujer?
Me lamenté
No hubo ninguna respuesta
Pues bien, estaba sola

<•>

Con fulgor desdoblo mi ropa de noche
Tal vez soy yo para ella una esposa
Con ella salgo a pasear por la casa, de noche
La casa es muy pequeña
Es diminuta
A quién puede importarle
Lo difícil es evitar que me toquen
A veces hay mucha agitación
Me cuesta mucho que callen
Necesito estar lejos

Para notar el huevo
Sobre la piel de mi mano
Cuando no puedo pasar
Porque los muebles están «llenos»
Me dan ataques de tos y
Y el pecho se me retrasa
Por qué, exclamo
Me he recogido el pelo en la forma de un turbante
Con un pañuelo de seda
Por qué, por qué, me lamento
Mis ropas de noche están sucias
Y para nada blancas
Últimamente nunca veo nada
Si acaso, escucho que se ríen
De mí
Mis manos están cubiertas de algo
Pegajoso
Sé que puede resultar gracioso
Pero mi vida no es graciosa
Mi cuerpo está lleno de heridas
Y la verdad, empieza a parecerme feo
¿Qué sucederá ahora?
Nunca me lo había planteado
Según yo
Seguiría siendo niña
para siempre

<•>

Bajo el hermoso calor
Abanico de tu labio el saliente
Con un libro de poemas
Pero tú te vas Volando
Contra el escudo de piedra te haces de piedra
Tus alas
Grises y porosas
Se inflaman
Y cuando un día llueva
Rodarás como una fuente
Hasta tumbarte a mis pies
Chorritos desde tu boca
De color rosa
Rosado

<•>

Bajo el hermoso calor
Tandas insoportables
Apretadas en la carne
Se abrieron
Y respiré
Con los ojos empujé una gavilla
Se vio entonces el agua
Un colágeno obscuro
Vi el oleaje casi sin luz
Es cierto que lo vi
Las flores nocturnas hablaban

Los pequeños insectos aplastados contra el paredón
Nuestro dedo pequeño empujándolos
Aquella luz en el agua
Dijimos que era una estrella
Dijimos que no se podía tocar
Te imito contra el sol que se oculta tras las nubes, a lo lejos
Cierro los ojos y los abro para comprobar
Que el amor permanece
Me tapona y me aplasta

Cajetadas de luz blanca cuadradas
Advienen por el techo
Cajetadas de mi pecho se levantan

Una temporada junto al mar

Me llevaron a la grava con el niño. No era exactamente una isla. Sí había mar. Aunque a veces se me olvidaba. Estaba y no estaba. Si no lo miraba no estaba. Empujaba las hojas y ahí estaba. Era como ver un dinosaurio. Lo sé. Estuve allí. Me llevaron con el niño. Cajetadas de luz blanca como losas figuraban cada noche por el techo. Cada noche, es decir, todo el tiempo. El niño se despertaba llorando. El cielo lo recuerdo negro. Casi siempre así. Por el camino no. Hubo muchos arcoíris. Se levantaban insolentes. Magníficos. Verdad es que enseguida no me importó nada. El niño se despertaba llorando. Quería volver a Peñagrande. Decía que iba a venir el metro por encima de las olas. La línea diez del metro. Yo le dije que sí, que pensaba que tenía razón. Salíamos por la noche tomados de la mano. Había insectos muy grandes pululando. Se te ponían en la espalda y te empujaban. Si no lo sujetaba fuerte, eso y el viento lo hacían caer y rodaba entre los guijarros sollozando. Lo levantaba y en brazos le quitaba el polvo de la cara, y las lágrimas. Así que esto es, le susurraba. Cuando veíamos la luz de la boya nocturna él decía que era una estrella. Él lo sabía mucho más que yo. Yo estaba abandonada. Mi lenguaje estaba trepanado. Bajé por las escaleras a la playa y tuve conocimiento con algunas aves. Sobre todo gaviotas y un cormorán. Claro que el cormorán era más bien una sombra. Pero yo hablé con él, y lo recuerdo. Los huesos flotaban en el agua negra. Palpé una especie de colágeno que se quedaba pegado en las rocas. Escuchaba el mar mientras el niño dormía. Por las noches el sonido del mar me mareaba. Recordaba otras vidas. El planeta Marte oscilaba en el cielo y yo lo miraba por la ventana. Miraba hacia el cielo, cerraba los ojos para verlo mejor. No sabía si lo que escuchaba provenía de allí. No lo sabía aún. Delante de la ventana abría la boca y la mantenía abierta. Algo como una serpiente se me colaba y me abría en dos. Sabía que debía plegarme a todo lo que sucedía. Las algas llegaban hasta la puerta de la cabane y alfombraban la terrace. Ya se me habían olvidado tantas cosas. Necesitaba recordar algo. Me iban a borrar. Las cajetadas de luz entraban cada noche. Durante mucho rato, bajo la respiración del niño, yo las miraba. La cabane estaba pegada al acantilado. En el techo las hileras de huesos se juntaban como acordeón. O tal vez fueran barbas de ballena. Es posible que no llegue a entender nada de todo esto y, además, estábamos solos a pesar de las presencias. El niño y yo, solos. Ponía su cara muy pegada a la mía. Se aferraba a mi cara. Una sombra especialmente violenta lo perseguía y lo empujaba. No dejaba de caer al suelo, como si se hubiera olvidado de cómo andar o como si la gravedad estuviera alterada para él. Durante mucho tiempo no dormí apenas nada. Al caer la noche el niño y yo nos hundíamos juntos en un sopor. Veíamos el atardecer pegados al muro tras el que caía el acantilado. Yo me asomaba para observar las luces del único pueblo costero que se veía. Tras el pueblo el color del cielo era rosa. El color del agua variaba a cada rato. Por la mañana era oscuro. Al medio día se volvía brillante y por la tarde adquiría un color mercúreo. Un gris plateado y liso. No sé qué estamos haciendo aquí, le decía al niño. El niño tampoco debía saberlo. Estudiamos detenidamente la flora del territorio. Yo actuaba como si estuviéramos esperando algo. Me desplazaba todo lo despacio que podía para contrariar al tiempo, para que el tiempo se deslizara sobre nosotros lo más liviano posible. El niño venía hacia mí con las manos llenas de polvo y la cara cubierta de mocos y me abrazaba. Trepaba al banco y se subía en mi regazo. Me agarraba la cara con las manos. Jugaba a morderme la nariz. Yo tenía que pedirle que por favor me la devolviera. Él hacía como que la escupía en mi mano. Yo hacía como que me la colocaba en la cara. Él se reía. Después se acomodaba en mis brazos y se quedaba dormido. Antes de que se hiciera completamente de noche yo entraba en la casa. Acostaba al niño en la cama y me tumbaba a su lado. Me dormía de inmediato. Pero un rato después me despertaba acosada por pesadillas y ya no volvía a dormirme hasta el amanecer. La presencia del mar me mantenía en vela. Tiraba de mi mente como si fuera presa de una fuerza magnética. Pasaba el resto de la noche sentada junto a la ventana. Una noche vi salir humo del borde del acantilado. Miré al niño en la cama y puse mi mano sobre su frente. Salí de la casa y amparada por la luz de la luna llegué hasta las escaleras que descendían a la pequeña cala pedregosa. Las escaleras de piedra estaban desgastadas por el agua. El portalón de hierro por el que se accedía a la playa estaba cerrado. Me asomé y vi una pequeña hoguera entre las rocas. Había dos figuras sentadas en torno al fuego. Volví a la cabane y me metí en la cama con el niño y esperé a que se hiciera de día. Al día siguiente fui con el niño a inspeccionar los restos de la hoguera. El niño me pidió que recogiera flores mientras él azotaba un tronco con una rama. Él parece tenerlo todo más claro. Todo lo que tenemos que hacer. Me pide que coja una piedra. Como no reacciono la coge y la pone en mis manos. La piedra se me cae y al momento vuelve a estar en mis manos, pero él no se ha movido. Vuelvo a sentir la luz del sol. Miro acantilado abajo, la cala está vacía. No veo los restos de la hoguera. El mar se los habrá llevado. Las flores se me derraman y al momento vuelven a estar en mis manos. O era la piedra. Nada termina de caer.

Intento ir al lado del niño. A veces llora sin motivo, como si fuera desdichado. Cuando llegamos a la cabane el niño juega a arrastrar las cosas por las superficies hasta que caen en el suelo. Va y viene de un lado a otro. Abre cajones y armarios. Cambia las cosas de sitio. Cierra los postigos. Nos quedamos en penumbras. Casi a oscuras. ¿Por qué haces eso?, le interrogo. Sé que esa cabane era para alguien importante, por tanto, no sé qué hacemos nosotros allí. Nosotros no somos nadie. Coloco las flores sobre la cama. La cama está hecha, está perfecta. Coloco las flores sobre las mantas y pronto están otra vez en mis manos. No entiendo lo que pasa. Los armarios de madera blanca, bueno, parecen hechos de hueso. Me parece que estamos esperando a alguien. Empiezo a cabecear y me adormilo. Escucho un ruido y de inmediato abro los ojos. Veo a un hombre vestido con bermudas en medio de la cabane. Busco al niño. Está en el suelo jugando con unas tazas. ¿Has abierto la puerta?, le digo, sin dejar de mirar al hombre en bermudas. El hombre no me mira. La puerta no puede cerrarse, recuerdo. El hombre debe haber venido de la playa. Parece que acaba de bañarse. Su piel está tirante, erizada, pero su rostro tranquilo y fuerte no expresa frío. Tiene el pelo canoso peinado por el agua salina. Lleva un paquete envuelto en papel de periódico. Lo suelta sobre los hornillos y le pierdo de vista. Salgo a la calle. La terrace se ha teñido de rojo como si un zorro la hubiera lamido.

Espero allí a que se haga de noche. El niño está a mis pies, junta guijarros que después hace caer por las junturas de las tablas. Cuando se hace de noche miramos las estrellas. Luego estamos dentro de la casa. No sé cómo ha sucedido. Por la ventana veo a los dos hombres de la hoguera apostados. Uno de ellos tiene orejas de liebre. Me parece que quizás haya entendido la clave de algo. Vuelvo a mirar por la ventana y ya no los veo. Miro a mi espalda. Lo lamento, susurro. En la mesa redonda de madera amaso algo que hice con harina y agua. Después me tumbo en la cama. El niño continúa amasando. Hace bolitas y las pone a rodar por el suelo en silencio. Me agacho a su lado. Me mira a los ojos y me lame la nariz. Yo me río. Él también se ríe. El viento hace enmudecer a las piedras, pienso. Volví a abrir la puerta y grité. ¿Por qué estamos aquí? El grito no se escuchó ahí afuera, sino que sólo resonó en el interior. Yo no sé qué hacemos aquí. Cuando menos lo esperas cambias de lugar. Quizás no está pasando nada de todo esto, pero no puedo saberlo. Estoy sentada y miro mis manos crecer y decrecer sobre mi regazo. Mi cuerpo está incómodo, no acaba de encajar en sí mismo. Me pregunto si le pasará lo mismo al niño. Puse al niño a dormir y por la ventana vi que los hostigadores habían vuelto. Salí a hablar con ellos. Me estaban esperando. Esta vez la hoguera estaba delante de mi puerta. Imagina que el brazo del pequeño cae al suelo descolgándose de su hombro, dijo el de las orejas de conejo, ¿a dónde va ese trozo de alma?, preguntó. El otro, que no sabía hablar, se rio, o bien, hizo algo parecido a reírse. En el cielo las estrellas se juntaban en ramos. Tuve la sensación de desprenderme de mí misma. ¿Por qué todas las plantas de esta colina tienen espina? Escuché. Me quedé pensando en ello. ¿Era yo quien había planteado la cuestión? ¿Si fueras una flor y el viento te arrancara un pétalo dejarías de ser flor? ¿Y si fuera un pistilo? Imagina que es el tallo entero el que se desprende de la corola. Sentí que un pincho me atravesaba el estómago y en el cielo, tal vez, una estrella se descolgó.

Así que el hombre con orejas de liebre me pidió que fuera a buscar el paquete que estaba encima de los hornillos. Entré en la cabane y observé al niño que dormía plácidamente. Cogí el paquete y el paquete se agitó en mis manos. El papel de periódico estaba mojado. El paquete se agitaba. Fui afuera y se lo entregué al hombre. Eres una inútil, sorbió. Abrió el paquete y ensartó el pescado que había dentro en una caña y enganchó la caña en unas piedras dejando el pescado sobre las brasas. La carne del pescado chisporroteó y sentí que mi tripa se movía. Hacía varios días que solo habíamos comido unas frutas que cogíamos de los árboles. El hombre que no hablaba se rio y un hilillo de baba se descolgó de su labio. Se levantó para venir hacia mí, pero el hombre de las orejas de liebre le obligó a sentarse donde estaba. ¿No me has oído?, entra y trae el paquete dijo el de las orejas sin mirarme. Eres todavía peor de lo que imaginaba. Miró mis manos que seguían creciendo y decreciendo. El cielo estaba blanco de estrellas. Las estrellas latían al interior de su caldo. Miré hacia el interior de la cabane y vi un paquete sobre los hornillos. Me levanté y entré. El niño gemía. Se movió en la cama. No le gustaba estar arropado. Al girarse quedaba atrapado por las mantas como un gusano de seda. Le liberé y le puse una mano en el pecho hasta que se calmó. Tenía las mejillas llenas de mocos. Cuando se calmó me levanté, cogí el paquete y lo apreté fuerte con las manos para que no se moviera. Pero el paquete, de todos modos, se movió. Salí a la puerta y el hombre de las orejas de liebre me ordenó que permaneciera de pie con el paquete en las manos. El paquete no dejaba de moverse. Se comió todo el pescado y cuando terminó arrojó las espinas a la hoguera y salieron unas chispas y me arrancó el paquete de las manos, lo desenvolvió y dentro no había nada. Se limpió las manos y la boca con el papel y me ordenó que caminara hasta el acantilado. Detrás de mí iba el hombre mudo riéndose y detrás del mudo iba el otro hombre. Llegamos al acantilado y me ordenó que me tumbara en una piedra con los ojos cerrados. El hombre mudo me agarró del brazo y me obligó a tumbarme. Después puso su mano sobre mis ojos y me obligó a cerrarlos. Su mano estaba blanda y olía a algas podridas. La noche pasó y se hizo de día. Me despertó el llanto del niño. Abrí los ojos y vi el acantilado y me aferré a la roca con las manos. Estaba en el borde. Bajé y corrí a la cabane. El niño temblaba. Puse mi mano en su frente. Estaba ardiendo. Yo también temblaba. Le mecí en mis brazos hasta que volvió a dormirse. Pensé que iba a salir de nuevo para buscar algo que comer, pero en la mesa había un paquete envuelto en papel de periódico. El paquete se agitó y vi salir una cola de pescado. Lo agarré y lo puse en la pila de piedra. Lo dejé ahí hasta que paró de moverse. Entonces fui y retiré el papel y cogí el pescado con las manos. Era pesado y oscuro. Busqué una sartén y encendí el hornillo con un fósforo y puse el pescado en la sartén. Un fuerte olor a flores inundó la cabane. El niño dormía. Me comí la mitad del pescado. La carne oscura y roja. Separé la espina. Era parecida a una espina de rosa o al aguijón de una avispa. La tomé en mi mano. Pesaba. Pero no me pinché. Se me cayó de las manos. Las cosas se deslizaban en las superficies como si estuviéramos en un barco. Abrí la puerta. El mar estaba picado. Esta noche no vendrán, pensé. Pero sí vinieron. Aunque no sé qué quiere decir. La mayor parte del tiempo era de noche. Y aún en los momentos en que había luz, todo lo demás era nocturno. Por el cielo no sobrevolaban gaviotas sino sobre todo gavilanes y las gaviotas permanecían apostadas sobre las piedras de la cala como si esperaran a alguien.

Como me desperté y había desaparecido mi ropa

Tuve que hacerme un vestido con las sábanas

Y con la manta me até y me cubrí

Pequeños pájaros color cemento habían salido de los troncos de los árboles

Y todos los animales de cemento se habían apostado en las vallas y se devoraban unos a otros

Los peces se deslizaban por las rocas

Hasta chocar contra el acantilado

Las gaviotas plomizas retrocedían

Todo se había vuelto gris

Supe que era una buena noticia

Mi cabello y el del niño

Por el camino vimos a una mujer con una corona de flores

Las flores caían por su espalda

Mira qué bonito, dijo el niño

Pero no eran flores, eran lenguas de serpiente

Lenguas de fuego

Pavesas de fuego

Los alcornoques se enroscaban

Salimos a verlos

Hacían un ruido espinoso

Vi al niño alejarse solo por una playa de ceniza

Sin embargo   permanecía a mi lado

La mujer se dio la vuelta y su cara era la mía

La llamé

Llamé al niño

Mi voz se mezclaba con los sonidos de los árboles

No sabría decir quién hablaba más claro

Pero al cabo todo significaba lo mismo

Había un dulce olor a jabón

En el aire

Estábamos tan cansados

Y felices

En el aire descendieron los olores dulces

Estábamos tan cansados tan felices tan tristes

Éramos como ellos una liebre se subió a mi regazo el niño me

empujaba en una silla por la grava se deslizaba como por nieve o

por

Huevos de pascua

Tal vez fueran

De vidrio

Un huevo

Una almendra blanca
No quieres coger con tus dedos
Porque tus dedos no son blancos
Son rosas
Un huevo azul
No quieres coger con tus dedos
Pues tus dedos no son azules
Sino blancos
La luna en el cielo
Quieres coger con tus dedos
Pero tus dedos no son negros ni blancos
Sino dorados
Y esa sombra que se escapa
Y ese pájaro enjaulado
¿Eres tú quien los persigue
Diciendo
A mí A mí?
Y cuando me ves
Acercarme
¿Son tus dedos
Sobre mi pecho
Los que lo vuelven un huevo
Incoloro
Otra vez
Para nosotros
Que gracias a eso
Nos transformamos?

Otro huevo

Le hemos puesto ropita nueva al huevo, ¿verdad?

Sí, verdad. Ropa. Roja. Río.

Río río río

¿Lo vestiremos?

Sí, lo vestimos

¿Ahora estás enfadado?

¿Ahora estás triste?

Oh. Lloraba junto a la fuente

Del Palazzo de Hungría

Aunque los guijarros le gustaban tanto

Llevaba dos en cada mano

Llevaba tres o cuatro

Con cada mano

Los ofrecía

Pero le daba pena soltarlos

Los suelta

Un reguero de huevos

Pálidos

Se perdían en la inmensidad

Del Palazzo de Hungría

Después

Se querían meter en el río rojo ropa roja

Oh

¿Vos también?

¿No?

Ha demandado un abrazo

Se lo damos

Y nos vamos

Y de postre

Cuando estabas dormido
Me comí una nocciola
Ay qué nocciola
Será por eso que moviste los ojos
Te querías despertar
Ahora no
Te dije
Que estoy comiendo nocciola
Y te volviste a dormir

Esta primera edición de *La hora del abejorro,*
de Ángela Segovia,
se envió a imprimir en marzo de 2024
y llegó a las librerías en abril,
cuando el abejorro,
anidado bajo tierra,
despierta de su letargo invernal
para visitar mil flores diarias
y comenzar un año más
la ardua tarea de la reproducción de las plantas
sobrevolando con su zumbido
jaras mortas de un paese salvaje.